# Des Schattendichters Lichte

# Andreas Schärer

# Des Schattendichters Lichte

Gedichte & Kurzgeschichten

© 2005 Andreas Schärer
Herstellung und Verlag: Books on Demand GmbH, Norderstedt
ISBN 3-8334-2241-6

# Inhalt

# 40-PROTZentig

Er zieht von Bar zu Bar und findet es wunderbar.
Wegen seinem Pech und Ehefrust
trinkt er meistens über seinen Durst.

Er weiß nicht mehr, was er machen soll,
jeden Tag ist seine Lampe voll.
Nun er hat Schulden, ist ja toll.
Und wie kann es anders passen,
seine Frau hat ihn auch verlassen

In der Bar sitzt er allein,
und jammerte in sein Glas hinein.
Er trinkt und trinkt – es geht ihm gut,
denn erst jetzt hat er richtig Mut.

Lädt fremde Frauen ein,
zu Bier, Schnaps und Wein;
meint dann auch beliebt zu sein,
das ist alles nur zum  Schein.

Er ist erst fünfzig und was von protzig,
doch hier ist er der Held und nimmt es locker,
trinkt sich unter den Tisch, ganz wacker.

Zum Wohl, nur mit Alkohol und seinem Geld,
schön, wie man zu ihm hält,
ist das nicht toll, denn seine Geldbörse ist noch voll.

Er zahlt Runde für Runde bis in die erste Morgen-
stunde.

Dann war plötzlich um ihn keiner mehr,
denn seine Geldbörse ist jetzt leer.
Nun werfen sie ihn aus dem  Lokal,
vergiss es, es gibt keine zweite Wahl.

Nun schlendert er die Straße entlang,
findet keinen geraden Gang.
Ist das wirklich wahr?
Nur im Geld ausgeben, ist er ein Star.

Bier und **40-prozentiger** Schnaps,
bis zum Kollaps –
da war eines zu viel,
dass er auf dem Bordsteig tot umfiel

Die Schatten der Nacht zogen an ihm vorbei,
lautlos sein letzter Schrei,
Sprüche von Passanten, die vorbeirannten.

„Der ist nur besoffen, dem helfen wir nicht!"
Und seine letzte Nacht endete im Licht.

Er lag am Boden ganz allein,
denn niemand wollte wirklich ein Freund von ihm sein;
keiner machte ihm Mut, half ihm auf die Beine mit Ge-
duld.
Nein, sie sagten: „Er ist ja selber schuld."

# Deine Hand

Sie würgt und schlägt.
Sie zerdrückt und verrät.
Sie mahnt und warnt.
Sie ballt die Faust und schlägt sein Gesicht.
Sie nimmt und quält.
Sie stillt und wählt.

Deine Hand

Sie streichelt und berührt.
Sie ist sanft und fühlt.
Sie legt das Wasser in deinen durstigen Mund.
Sie hält und stützt.
Sie gibt und nützt.
Sie verhindert und beschützt.

Und welche ist deine Hand?

# Der Sternenwart

Die Nacht beginnt über der Hälfte dieser Welt
ganz links im Himmelszelt,
sitzt allein in zeitlosen Räumen,
ein Mann mit seinen Träumen.

Mit großem Herzen, stets fröhlich
und mit liebevoller Art,
nennt man ihn den Sternenwart.

Unsere Wünsche hört er in der Ferne.
Er putzt und flickt all unsere Sterne,
denn dies macht er ganz besonders gerne.

Allein im schwarzen Himmel in der Nacht,
Millionen von Sternen, das Licht erwacht.
Wünsche in  Sternschnuppen aufbewahrt.
dann schreibt man sie in das Buch vom Sternenwart.

Nun ist die letzte Seite mit Wünschen voll,
und er weiß, dass er jetzt etwas dagegen machen soll.
So viele Wünsche zeigen, dass die Menschen unzufrieden
sind –
ob Großvater, Vater, Mutter oder Kind.

So entschloss der Sternenwart hinab auf die Welt zu
gehen,
um nach dieser Unzufriedenheit zu sehen.

Ohne Geld mit seiner Lebenskraft und seinem starken
Willen
glaubt er an die Gedanken der positiven Kraft
und betet in der Stille.

Er kämpft für das Gute im Leben,
gegen das negative eben –
und das ist hart,
doch so ist nun mal der Sternenwart.

Auf der Erde angekommen, sieht er die
arme Seite dieser Welt;
hier leben Menschen ohne Essen, Wasser oder Geld.
Dieser Schmerz brennt in seinem Herzen wie heiße
Glut,
Elend, Hunger, Armut.

Er nimmt seine ganze positive Kraft
und zeigt, wie sehr er an sie glaubt
und was man damit erschafft –
er zeigt es euch, wenn erlaubt.

Viele sind begeistert, doch glauben sie auch daran,
der Sternenwart kämpft ums Überleben
und fängt oft von vorne an.

Doch eines Tages lohnte sich diese Qual,
und es floss der erste saubere und klare Wasserstrahl.

**Armut wird es immer geben, doch auch die Kraft zu leben.**

Den Kindern schenkt er einen kleinen Stern,
er bringt Glück, denn er hat sie gern,
vielleicht werden sie,
in eine bessere Zukunft gehen.

So zieht er weiter auf seiner Reise auf der Welt
und kommt in ein Land,
da haben die Menschen Essen, zu trinken und auch viel Geld.
Hier gibt es gar kein Leid, und trotzdem trifft er die Unzufriedenheit.

Schon bald kennen alle hier den Sternenwart,
jeden Tag sehen die Menschen ihn
mit seinem Lachen und seiner fröhlichen Art.

Und schnell verstehen und schätzen sie,
was ein Lächeln bewirken kann.

Er hört ihnen zu, und sie erzählen
von ihrer Unzufriedenheit,
da nützt er die Gelegenheit
und erzählt ihnen von dem Land,
in dem er vorher stand.

Dann erhebt sich ein Mann,
er will eine große Summe spenden –
wird sich jetzt das Blatt zum Guten wenden?

Dies sei für die armen Menschen auf dieser Welt.
Denn uns geht es ja gut,
welch Vorbildlichkeit in diesem Manne ruht.

Wir haben zu essen und zu trinken im Überfluss,
und der Sternenwart wusste,
dass er nicht mehr weiter erzählen muss.

Langsam verabschiedet er sich von den Menschen hier,
denn es ist so weit.
Alle danken ihm für diese schöne Zeit.

Er kehrt zurück in seine zeitlosen Räume.
Gab und nahm den Menschen ihre Träume.

Ganz unvergessen bleibt seine einzigartige
und fröhliche Art,
dabei ist er nur der Sternenwart.

# Die eifersüchtige Blumenvase

Im Schrank ganz schlank, so schön wie nie,
steht sie da, nein nicht sie, ja, die.
Neben Utensilien aus einer Oase
stehe ich, ich – die Blumenvase.

Heute nimmt mich aus dem Schrank,
ich glaube Butler Frank oder Walter,
denn es kommt ein neuer Wochenaufenthalter.

So nenne ich alle Blumensträuße
mit und ohne Läuse.
Und schon öffnet sich die Schranktür hier;
oh, wie erfreut sind denn auch wir,
jetzt greifen sie schon nach mir.

Was würde bloß dies arme Blümchen machen?
Ja, du fragst ja schöne Sachen –
so teure Dinger sind doch zum Lachen.

Sie werden mit Lob überschüttet.
Dabei kriegt man eine Allergie,
ich versteh das nie.
Sie, die das Wasser aus mir trinken,
und oft nach kurzer Zeit schon stinken.

Und sehe ich sie noch etwas genauer an,
damit ich ein wenig lästern kann.
Ich bin ja alt, aber diese Blätter
haben ja gar keinen Halt.
Und diese Blüten – wie sehen die denn aus?
Für so viel Geld ist das ein Graus.

Typisch: Wegen einer Blumenvase
fällt ja niemand in Extasse.

Und wieder geht eine Woche zu Ende,
auch der Blumenstrauß macht seine Wende.
Bye-bye, jetzt kommt deine letzte Tour:
ab und hopp in die Grünabfuhr!

Oh weh, wie fällt mir dieser Abschied schwer.
Spricht da vielleicht ein Zyniker?

Ich werde wieder reingewaschen, mit einem Tuch mit
großen Maschen,
und trocken gerieben, ach, so sind halt meine Lieben.

Ding dong, macht's an der Tür:
Ich glaub es nicht, es ist der Blumenstraußkurier.

# Die Kehrseite

Die Kehrseite der Beziehung ist das Singleleben.
Die Kehrseite des Singlelebens ist oft alleine sein.
Die Kehrseite des oft alleine Seins ist die Einsamkeit.
Die Kehrseite der Einsamkeit ist die Depression.
Die Kehrseite der Depression ist die Lüge.
Die Kehrseite der Lüge ist die Wahrheit.
Die Kehrseite der Wahrheit ist zu tun als ob.
Die Kehrseite des Zu-tun-als-ob ist der Tod.
Die Kehrseite des Todes ist das ewige Leben.
Die Kehrseite des ewigen Lebens ist immer im Licht zu gehen.
Die Kehrseite des Immer-im-Licht-zu-gehen ist die Beziehung.

# Flug 4473

Auf der Startbahn steht der Flug 7743 zum Abflug bereit.
Darin sitze ich zwischen vielen fremden Menschen allein
in meinem Sessel 4F.
Der Süden als Ziel vor mir, wo ich meine Zeit in einem
anderen Umfeld verbringen werde.
Kurz vor dem Start, zwei Reihen hinter mir, sitzt eine
junge Mutter mit ihrem kleinen Sohn.
Der Junge schrie schon, als er in das Flugzeug einstieg –
Angst spiegelt in seinen verweinten Augen.
Doch schon rollt dieser riesiger Vogel aus Blech über die
Startbahn und der Schub
Richtung Himmel drückt uns alle in unsere Sitze.
Doch der kleine Junge schreit und schreit.
Durch die Hitze im Flugzeug lärmt das Pfeifen der Luft-
düsen mit kalter Luft.
Die Passagiere, die vor mir sitzen, sehen abwechslungs-
weise nach hinten zu der jungen Mutter,
die einen neugierig, andere sind in ihrer Ruhe gestört und
ihre Blicke sagen, wir sind genervt.
Ein dumpfes Klopfen das Fahrgestell ist eingeklappt.
Ich schließe meine Augen und versuche fest an den Jun-
gen zu denken,
dass die Schönheit des Himmels über dem Wolkenmeer
ihm seine Angst nimmt.
Als ich meine Augen öffne und aus meinem kleinen ova-
len Fenster sehe,
habe ich das Gefühl von Freiheit und fühle mich glück-
lich hier oben zwischen Erde und Ewigkeit.

Plötzlich ist der Junge still. Fühlt er auch die Kraft des Himmels, diese Stille des Seins, die Begegnungsstätte der Seelen, die uns umgeben?

Als hätte Gottes Licht ihn berührt und sein Herz sanft beruhigt. Die Sonne begleitet uns, die durch die kleinen Fenster in das Flugzeuginnere strahlt.

Mit dieser Liebe und Ruhe, die der Himmel aussendet, schläft der kleine Junge ein.

Auch die Stimmung der Menschen in diesem Flugzeug findet ihre Ruhe – alle scheinen entspannt.

Auch die Großen hier drinnen haben ihre Ängste, weinen sie vielleicht innerlich?

In dieser kurzen Zeit zwischen Erde und Ewigkeit sprechen so viele mit Gott und bitten ihn, sie zu beschützen, und wünschen sich, dass die Schutzengel sie begleiten auf dem Flug 4473.

Doch das Licht da draußen ist mehr als nur das Licht der Sonne,

es ist der Glaube und die Liebe aller, die mit gutem Herzen auf der Erde leben oder durch den Himmel fliegen.

Und nicht nur zu Beten beginnen, wenn ihre Ängste sie darum bitten.

# Die Vase Ming aus derselben Dynastie

Im Hause der Gräfin von Bern steht eine Vase.
Es ist die einzigartige Ming aus derselben Dynastie,
alle nennen sie die kleine Ming.
Jeden Tag wird sie abgestaubt und ein wenig eingeölt,
damit sie immer etwas glänzt und aussieht wie neu.
Doch die kleine Ming möchte eigentlich wie ihre Freunde
nur wie eine normale Vase behandelt werden.
Jeden Tag wunderschöne Blumen in sich tragen,
sie riechen und sich an ihren Farben erfreuen können;
doch die kleine Ming steht schon viele Jahre leer in ihrer Ecke.
Das macht Ming sehr traurig, denn was soll sie denn hier,
wenn man sie nicht braucht – und nur schön sein,
kann doch nicht das ganze Leben sein.
Ich bin doch auch nützlich, und ich kann euch doch zeigen,
warum lasst ihr mich nicht eine Vase sein, so wie meine Freunde sind?

Als die alte Gräfin im Sterben liegt, bittet sie ihre Familie
die Ming in ein Auktionshaus zu geben,
um noch einen guten Preis dafür zu bekommen.
Also bringt der Butler sie in ein Aktionshaus.
Nun steht sie schon wieder nur ausgestellt auf einem
Tisch,
und ein Mann mit nicht aufhörender Stimme schreit
Zahlen aus seinem Mund wie ein Wasserfall.
Als er mit seinem Hammer zum dritten Male auf sein
Pult schlägt,
tragen zwei Männer sie fort, und eine kitschige junge Frau
nimmt sie in ihre Arme.
Zum hundertsten Mal sagte sie: „Oh, sie ist so schön eine
echte Ming!"
Die kleine Ming kann ein Lied singen über Komplimente,
die langweilig werden.


In ihrem neuen Zuhause leben noch kleine Kinder, die
kleine Ming hat gerne Kinder.
Als eines Tage das große Mädchen einen riesigen Blumen-
strauß bekommt, findet sie keine Vase, die groß genug
wäre.
Dann geschieht, was sich die kleine Ming so sehr ge-
wünscht hatte.
Das Mädchen nimmt die kleine Ming und füllt Wasser
ein: Endlich wird sie ernst genommen
und steckte einen wundervollen mit vielen Farben und
duftenden Blumenstrauß
in sie.

Wie sehr freut sich die kleine Ming: Endlich bin ich wie alle meine anderen Freunde
eine ganz normale Blumenvase.
Schade, dass sie es nicht ihren Freunden zeigen kann, denn die kleine Ming steht noch immer alleine in ihrer Ecke.

# Crystal and Stone

Teils wurzelfreie Bäume klammern sich an die steile Wand an einer tiefen Schlucht. Spuren der Wasserfälle, noch wenige füllen den Fluss in der Schlucht.

An einer Stelle, wo das Wasser das Flussbett nicht mehr erreicht, steht ein dicker Brocken Stein.

Unförmig farblos und sehr verschmutzt – es interessiert sich niemand für ihn.

Im oberen Teil dieser Schluchtwand liegt ein zauberhafter und unberührter Kristall

in der Mauer und glitzert im Sonnenlicht.

Der im trockenen Flussbett stehende Brocken Stein sieht jeden Tag zu diesem wunderschönen Kristall empor. Unerreicht wird er für ihn sein, der Kristall, der jeden Tag in der  Sonne glitzert.

Und von Tag zu Tag wird der Kristall für den Brocken Stein schöner und schöner.

Eines Tages wandern ein paar Menschen auf der Krete der Schlucht mit Pickel und Säcken in den Händen. Es wird dem dicken Brocken Stein ganz mulmig, denn sie entdecken den Kristall in der Schluchtwand.

Einer der Männer wirft ein Seil an der Schluchtwand herab und klettert langsam zu dem Kristall.

Mit seinem Pickel schlägt er um Crystal. Wie der Brocken Stein sie nennt?

Er kann nur dastehen und zusehen, denn er hat sich ja noch nie bewegt.

Kleine Brocken fallen herab, als der Mann den Kristall in den Händen hält und stolz in den großen Sack steckt.

Trockene Tränen, es sind die ersten und letzten, die der dicke Brocken Stein verliert. Nichts mehr zu sehen vom glitzernden Kristall, nie konnte der Brocken Stein dem Kristall seine Liebe gestehen.

Traurig und einsam steht der dicke Brocken Stein am Flussufer und die Nacht nimmt ihm das letzte Licht.

Ein Zelt wird aufgestellt, in dem die Männer übernachten, was wollen sie denn noch dem dicken Brocken Stein wegnehmen?

Es regnet sehr stark in der Nacht, Bäche fliesen über die Schluchtwand herab, über den dicken Brocken Stein und das große Loch in der Steinwand. Die Natur schenkt ihm richtige Tränen. Wird er Crystal noch einmal sehen? Als die Sonne den Morgen ankündigt, trocknen langsam die letzten Tropfen oder Tränen an der Schluchtwand.

Plötzlich öffnet sich das Zelt und ein Mann steht nur da und sieht über das Tal.

Was sind wohl seine Gedanken?

Findet er das Tal wunderschön oder denkt er nur daran, was da noch zu holen ist.

Als ein zweiter Mann dazukommt, nimmt er den Sack in die Hand, greift rein und nimmt Crystal heraus.

Da ist sie meine Crystal. Die Sonne steht schon so hoch, dass Crystal zu glänzen beginnt.

Oh, wie sehr berührt das den dicken Brocken Stein.

Was hätte er darum gegeben, nur einmal mit ihr sprechen zu können.

Der starke Regen in der Nacht hat das alte trockene Flussbett aufgeweicht und der Boden bewegt sich. Der Mann, der den Kristall in den Händen hält, stürzt und Crystal fällt tief in die Schlucht, direkt vor den dicken Brocken Stein.

Bis zur Hälfte liegt Crystal im Dreck unerreichbar für die Männer hinter alten Ästen am Fuße der Schlucht. Und Crystal, sie glänzt nicht mehr.

Das erste Mal sieht der dicke Brocken Stein auf die Erde und freut sich innerlich riesig, dass Crystal, die er so liebt, ganz nah bei ihm liegt.

Werden seine Träume wahr?

Doch die Freude wird nicht geteilt, die Männer auf der Krete sind verärgert, und Crystal liegt sehr traurig im Schlamm, kein Glanz mehr zu sehen. Doch für den dicken Brocken Stein ist Crystal einfach wunderschön.

Sei nicht traurig, sagt schüchtern der dicke Brocken Stein zu Crystal.

Lass mich in Ruhe, du dicker brocken Stein. Lange Zeit stehen beide nebeneinander, ohne Worte.

Etwas enttäuscht und verletzt ist der dicke Stein, weil er nicht gedacht hätte, dass sie so gemein zu ihm sein könnte – und er will sie doch nur etwas aufmuntern.

Doch er versucht noch mal seine Angst zu überwinden und spricht sie noch einmal an.

Nochmals wird Crystal gemein zum dicken Brocken Stein und sagt, sie will nicht mit so einem hässlichen dicken Stein diskutieren.

So zerplatzen alle Träume des dicken Brockens und er schweigt, denn er ist sehr in seinen Gefühlen verletzt.

Nun fängt es wieder an zu regnen und der Dreck auf Crystal wäscht sich ab. Als die Sonne wieder zum Vorschein kommt, fängt der Kristall wieder an zu glänzen.

Oh, ich leuchte wieder, schau her Dicker, sagt sie ganz aufgeregt.

Doch der dicke Brocken Stein schweigt. Da merkt Crystal, dass sie eigentlich sehr gemein zu dem Stein gewesen war und entschuldigte sich in aller Form beim dicken Brocken Stein.

Wenn der dicke Brocken seine Farbe ändern könnte, dann hätte er es sicher gemacht.

Schon vergessen, sagte er zu Crystal. Und die beiden fangen zu diskutieren an, und dem dicken Brocken Stein wird es von Stunde zu Stunde wohler. Und Crystal stellte fest, dass der dicke Brocken Stein ein sehr liebevoller und sensibler Stein ist, doch sie gibt ihm auch immer wieder einen Korb, weil er für sie zu dick ist. Stunden, Tage, Wochen und Jahre vergehen und die zwei werden gute Freunde – doch nicht mehr. Weil er immer noch zu dick ist. So wünscht sich auch der dicke Stein, schlank zu werden.

Als eines Tages wieder der starke Regen kommt und erst nach einem Monat aufhörte, ist von Crystal nichts mehr zu sehen, denn das Wasser ist sehr stark angestiegen

Der dicke Brocken Stein vermisst sie sehr und wünscht sich so sehr, Crystal wiederzusehen. Denn er hört sie rufen mit demselben Wunsch, hat den beiden jemand zugehört?

Denn die Erde beginnt nach sehr langer Zeit zu beben und der dicke Brocken Stein verliert immer mehr von seiner Masse, bis er in seiner ganzen Größe zerbricht und in den Fluss stürzt. Nun liegt er stolz neben Crystal Seite an Seite. Der gemeinsame Wunsch ist in Erfüllung gegangen, der dicke Brocken Stein liegt ganz schlank und nah bei ihr.

Hallo Crystal, bin ich nun schlank genug für dich, fragt er ganz aufgestellt.

Oh ja, Stone! Darf ich Stone zu dir sagen, fragt Crystal. Liebend gerne, denn Dicker stimmt ja nun nicht mehr. Und die beiden sind sehr glücklich, denn sie haben ihre Herzen am rechten Platz.

Crystal beichtet dem schlanken Stein. Ich liebe dich, doch es ist mir immer peinlich gewesen, es laut vor allen anderen Kristallen zu sagen. Und ich habe dich sehr vermisst.

Danke Crystal, du wirst immer für mich glänzen, auch wenn wir tief im Wasser liegen.

Der Regen findet kein Ende und das Wasser steigt und steigt. Noch immer liegen beide glücklich nebeneinander, bis der Fluss stärker und stärker wird und Stone von Crystal wegreißt. Ihre Liebe gibt und nimmt die Natur.

Denn er kann sich nicht länger halten in dem reißenden Fluss, denn er ist zu leicht.

# Schattenlicht

Für mich ist Gott die Sonne,
Wärme spendendes und ewiges Licht.
Für die einen ist es nur die Sonne,
etwas anderes glauben sie nicht.
Sie ist der Pulsschlag im Leben,
die Schönheit Natur würde es sonst nicht geben

Nun spotten die einen und haben gelacht;
es gibt keine Sonne in der Nacht.
Jetzt hast du dich geirrt.
Doch ist der Mond nicht nur ein Spiegel,
in dem die Sonne reflektiert?

Wo Licht entsteht, lebt auch der Schatten,
das wissen zahme Mäuse, und auch die Ratten!

Eines Tages sagte der Schatten zur Sonne:
Was soll das, du blendest und bist zu grell!
Ich schenke der Welt mein Licht,
sagte sie ruhig und leuchtete hell.
Der Schatten: Na und?
Was soll's, ich bin dunkel und kalt,
mehr interessiert mich nicht –
ich werde eh nie zu Licht.

Aber warum denn nicht?
Ich, die Sonne, ich liebe auch dich,
komm Schatten, versuch es,
bitte leuchte einmal für mich

Sie beginnen Träume zu leben,
versuchen sich die Hand zu geben.
Zum ersten Mal gehen sie auf sich zu,
lernen ihre Stärken und Schwächen teilen,
Schatten und Licht auf Du und Du.

Auf Erden versucht es der Mensch und wie,
doch verstehen wollen sie es nie.
Das vom anderen zu akzeptieren,
was nicht so ist wie sie.
Die Vergangenheit muss in Ruhe weilen,
Gegenwart und Zukunft könnten heilen?

Dunkelheit wird es nie mehr geben,
ewig Frieden, für die, die noch leben.
Wird dieser Traum denn wahr?
Die Antwort kann ich nicht geben, ist ja klar.

Doch an den Frieden und an das Licht
werd ich ewig glauben, denn nur der Tod
kann mir meine Überzeugung rauben.

Darum gehe ich im Leben mit positiver Kraft,
denn durch sie habe ich viel geschafft.
Die Sonne und Schatten, gemeinsam ein Licht,
das wird es geben aus meiner Sicht.

# Ich schenke dir in Dunkelheit mein Licht

Wo immer du bist, wo immer du lachst,
das Feuer in meinem Herzen jeden Tag entfachst.

Nach jeder Niederlage ernte ich neue Siege,
dank deiner Treue und starken Liebe

Und wenn ich morgens zur Arbeit gehe,
weiß ich nicht, ob ich dich am Abend wiedersehe.

Denn so viel geschieht auf unseren Straßen,
Doch ohne Worte werd ich dich nie verlassen.

So schreib ich dir jeden Tag
auf ein Papier, was ich an dir mag.

Weil ich dich liebe, nur dich allein,
wirst du so niemals alleine sein.

Und kommt für mich der nächste Tag nicht mehr,
schrieb ich meine Zettel voller Ehr.

Also vergiss es nicht:
Ich schenke dir auch in Dunkelheit mein Licht.

# Die Flammen einer Lichterkette

Wir sind Flammen einer Lichterkette,
ganz verschieden ist unser Licht.
Es ist ein Fackeln um die Wette,
mehr sind wir einfach nicht.

Es gibt die Fremden und Unscheinbaren,
die vergisst man schnell auf Erden.
Sie schiebt man hin und her,
man interessiert sich nicht dafür.
Es wird nicht darüber nachgedacht,
was das in den kleinen Flammen doch entfacht.

Eines erträgt den Spott nicht mehr,
fühlt sich verletzt in seiner Ehr.
Und in seinem Schmerz setzt es sich zur Wehr
und leuchtet über das ganze Lichterkettenmeer.

Es nimmt zusammen seinen ganzen Mut,
seine Flamme züngelt voller Wut:
So nehmt euch nun in Acht, sie ist ganz aufgebracht.

Bis das geschah, was niemand wollte,
und diese riesige Flamme alles überrollte,
die Kontrolle verloren über sich,
und es verbrannte alles, was nicht von ihr wich.

Egal, was an der Lichterkette in ihrer Nähe stand,
sie nimmt sie mit jetzt in den Tod,
alles zur Asche verbrannt, sie sah nur noch rot.

Das konnte niemand ahnen,
und sie wussten weder ein noch aus.
Welch ein Schock warf alles aus den Bahnen,
und doch andere lernten daraus.

Sie schwören, das Spotten über die Schwachen
bleibe nun ewig aus,
bevor wieder entsteht
ein solcher Graus.

Alle Lichter fühlten sich schuldig im Kreise.
Spott gibt es immer noch, sage ich ganz leise,
denn noch immer nehmen viele Lichter Abschied auf
diese Weise.

Wir Flammen einer Lichterkette
sind doch alle gleich:
Verstehen wir das denn erst im Himmelreich?

# Des Schneiders goldene Schere

In einem Dorf lebte ein armer Schneider, der bekannt für seine guten Arbeiten war.

Die Leute lieben ihn, da er auch arm zufrieden war, denn er war gesund, hatte ein Dach über dem Kopf und immer etwas zu essen. Für einen lustigen Spruch stets zu haben.

Als ein reicher Mann von diesem Schneider hörte, suchte er ihn auf und bot ihm viel Geld, wenn er ihm jeden Monat zwei Anzüge mit den besten Materialien schneiderte.

Der arme Schneider freute sich sehr über das Angebot dieses reichen Mannes und fing sofort damit an, guten Stoff zu kaufen mit dem Geld, das ihm der reiche Mann vorschoss.

Bis spät in die Nacht leuchtete das Licht durch das kleine Fenster im Hause des Schneiders.

Er nähte und zeichnet mit all seiner Kraft. Man sah ihn kaum noch und es hieß,

der Schneider habe sich sehr verändert. Wo waren seine lustigen Sprüche und seine guten Vorsätze. Er war oft schlecht gelaunt, unfreundlich und zornig.

Nach zwei Monaten kam der reiche Mann wieder und wollte drei Anzüge jeden Monat. Der Schneider, der nun nicht mehr arm war, war so sehr vom Geld geblendet, dass er dem reichen Mann zusagte, und so schneiderte der reiche Schneider fast bis in die frühen Morgenstunden. Der reiche Mann war sehr zufrieden mit dem Schneider und der wiederum war stolz, zu stolz, so viel Geld zu besitzen. Doch zum Essen nahm er sich keine Zeit und er wurde schwächer und schwächer. Denn der Schneider wollte immer mehr.

Von dem vielen Geld hatte der Schneider noch nicht Gebrauch gemacht, denn er arbeitete ja, nur um all die Wünsche des Kunden zu erfüllen.
Der reiche Mann kam wieder zu dem Schneider, wollte vier Anzüge jeden Monat und er würde den Schneider mit einer goldenen Schere belohnen.
Der inzwischen schwache und geldgierige Schneider sagte zu, und schneiderte vierundzwanzig Stunden ohne Unterlass. Mit seiner goldenen Schere war er nun der reichste Mann im Dorf.

Niemanden wollte er mehr ins Haus lassen, war zornig und fies zu allen: „Ihr armes Pack, ihr wollt mich nur beklauen!", beschimpfte er die Leute.
So viele waren enttäuscht, denn er war ein Vorbild, dass man mit wenig glücklich sein kann. Doch sein Reichtum machte ihn blind. Auch seine alten Freunde standen vor verschlossener Tür.

Doch eines Tages hörte man die Nähmaschine nicht mehr rattern, der reichste Schneider aller Zeiten war gestorben.
Ein goldenes Kreuz mit der goldenen Schere, ein Grabstein wie ein König, doch niemand kam zur Beerdigung.
Nur scheue Blicke durch den Friedhofsgarten.
Den Reichtum nicht verstanden, sein Verstand, er wurde arm.

Nun stand er alleine vor der Himmelspforte, zornig und aufgebracht schrie er: „Wo ist mein Geld und meine goldene Schere, meine edlen Stoffe, mein Reichtum?"

„Hallo, Schneidermeister!" Eine ruhige und sanfte Stimme begrüßte ihn

„Wie reich du doch warst, als du noch arm warst.
Und wie arm du doch bist, jetzt, da du reich bist,
deine Geldgier raubte dir den Verstand, zum Teilen nie bereit.
Wo sind deine guten Vorsätze geblieben?
Wie du siehst, gibt es nur eine Antwort:
Du hast das Wichtigste im Leben vergessen.
**Das letzte Hemd hat keine Taschen!"**

# Der Duft der Kindheit

Jetzt heißt es, die Kinderschuhe auszuziehen, weil ja alle von einem erwarten, außer sich selbst, dass wir nun erwachsen sind, denken und handeln.

Doch was ist erwachsen sein?

Ist es den Stress des Alltags ertragen, im Zeitraffer in die Zukunft jagen und alles doppelt und dreifach in sich hämmern. Für eine Beziehung in eine Schablone gesteckt, um von der Gesellschaft möglichst toleriert zu werden.

Wird das einem nicht zu viel?

Ein Kind zu sein, wann kann ein Kind noch Kind sein? So lange, bis es selber laufen kann, bis es sprechen muss? Und dann versteht es und lässt seinen Emotionen freien Lauf und schon kommst der Satz: „Sei nicht so kindisch, du bist ja kein Baby mehr."

Und so fangen wir an, Luftschlösser zu bauen, sich darin einzuschließen und für lange nicht mehr rauszukommen.

Jetzt bist du erwachsen. Deine Kindheit ist vorbei, doch zum Glück gibt es Millionen von Düften auf der Welt. Für jeden Menschen ist ein bestimmter Duft ein Gedankenstoß und öffnet die Erinnerung an seine Kindheit. Er kommt von irgendwo, irgendwann.

Die Luft vom Kaninchenstall, dem Heu. Da, wo du als Junge deinen weißen Hasen gefüttert hast.

Der spezielle Duft von frischem Kaffee, nein, nicht die Portion, die man heute Espresso nennt. Es ist der Duft vom Kaffee, den die Großmutter von Hand gemischt auf einer alten Zeitung mit Aroma verfeinert hatte, ihn durch ein großes Sieb in eine weiße Kanne siebte, mit schwarzen Tupfen drauf, und immer wieder goss sie heißes Wasser nach. Es sind die Düfte, die dir deine Kindheit schenkt, oder der Duft der Kartoffelsuppe, die mit Cervelatstücken und mit viel Essig angereichert wurde. Ich sehe gerade alle, die am Tische saßen und aus dieser Suppe schlürften, auch die, die dem Lichte folgen mussten.

Oder in einem alten Auto, ist es für mich der Duft des alten Opels meines Vaters, mit dem wir eine Reise ins Tessin unternahmen.

Wie vieles haben wir vergessen, und doch ist es da, denn der Duft der Kindheit bleibt ein Zeitzeuge, der dich in dieser hektischen Welt wach träumen lässt und dich an die Momente deiner Kindheit erinnert, und wir können uns daran erfreuen, weil wir noch eine Kindheit hatten. Bitte, schenkt auch euren Kinder diese wertvolle Zeit, Kind zu sein. Denn zu schnell vergeht die Zeit und die Kinder wollen nicht mehr Kind sein, deshalb ist es umso schöner, wenn ihr den Duft der Kindheit und des Lebens einatmet. Denn bei jeder Begegnung dieser Luft setzt es dir ein Lächeln auf, und sagt zu dir:
Ich werde immer da sein, und wenn du mich vermisst, dann atme tief durch.

# Ninio, der stumme Indianer

In einem Indianerdorf vor langer Zeit
lebte Ninio, ein stummer Indianer.
Für die Krieger dieses Stammes war Ninio nicht zu ge-
brauchen.
Sie geben ihm auch keine Chance.
Wenn sie auf die Jagd gingen, blieb er immer im Dorf
zurück.

Die Kinder im Indianerdorf sahen Ninios traurige Augen
und trösteten ihn. Und er fühlte, dass die Kinder ihn
verstehen.
Also fing er mit ihnen an zu spielen.
„Sag es ohne Worte", nennen sie das Spiel.
Ninio, der stumme Indianer, lehrt die Kinder
auf ihre innere Stimme zu hören, mit ihren Gefühlen zu
sprechen
und es durch ihren Körper wortlos zu sagen.
Ninio freut sich, mit den Kindern zu spielen,
und die Kinder lieben Ninio, denn ohne zu sprechen gibt
er ihnen so viel,
was in Worte nicht zu fassen ist.
Sein Körper spricht und zeigt mit viel Geduld die Kunst
der Körpersprache.

Auch dein Körper spricht, er zeigt Ablehnung, Freude,
er trauert,
er ist überrascht, lacht und weint und noch vieles mehr.

Durch deine Mimik, Haltung, Gesten oder einem Schulterzucken,
die Art, wie du deine Hände zeigst, kannst du so vieles sagen.
Dein Körper gibt Fragen und Antworten ohne Worte.
Sie deuten zu können, heißt, dein Leben in dir ernst zu nehmen und mit Respekt angenommen zu haben
Doch die heutige Zeit des Computers oder durch das Natel verstummt die Körpersprache.
Sprich von Du zu Du, seht euch an und fühlt diese Magie der Körpersprache, es sind kleine Sätze mit tausend Worten.
Kein Tastatur Geklimmter, kein Bildschirm mit Korrekturtaste,
nein, es ist auf derselben Ebene, die gegenseitigen Schwingungen fühlen zu lassen


Eines Morgens, als die Kinder wieder im Indianerdorf mit Ninio spielen wollten, war Ninio nicht mehr da.
Und alle Kinder suchten ihn. Dann kam der Häuptling zu den Kindern und sagte:
Ninio hat uns verlassen, er ist in den stummen Himmel zurück.
Er wird eines Tages mit euch sprechen, und ich weiß, ihr werdet seine Stimme erkennen.


Die Stille von Ninio ist verstanden worden, die Kinder fühlen die Sprache ihrer Gefühle und das Spiel von Ninio.
Es ist das Leben, und das Wunder, Mensch zu sein, das er mit ihnen spielt.

Die Zeit geht weiter und das Leben im Dorf hat sich nicht viel verändert. Die kleinen sind nun auch große Krieger und ihre Kleinen spielen im Indianerdorf.

Als ein Wind kräftig durch das Dorf weht, hören alle eine Stimme, einige Kinder schreien Ninios Namen.

Das ganze Volk versammelt sich und alle sehen in den Himmel. Die jetzigen Krieger lassen ihre Waffen fallen und stumm sprechen ihre Körper mit Ninios Stimme.

Es werden noch viele Kinder, denen alles zu schnell geht in dieser Welt, Ninios Namen rufen.

Doch für den nicht aufzuhaltenden Zeitgeist und diese Computerwelt werden diese Kinder für immer stumm sein,

weil niemand mehr die Körpersprache spricht.

# Unverständlich normal

Das Essen steht auf dem Tisch, die Teller sind voll,
fein duftet das übertriebene Mittagessen, von allem zu
viel.
Das Besteck klimpert, wenn alle zusammen
in ihren Tellern in den riesigen Portionen Essen sto-
chern.

Ein Junge sitzt gegenüber dem Fenster.
Das Bild des eingeschalteten Fernsehers
spiegelt in dem Fensterglas.

Ganz deutlich erkennt der Junge im spiegelnden Glas
eine Werbung von hungernden Kindern, die kaum zu
essen haben
und schmutziges Wasser trinken müssen
und an den Folgen von Krankheit sterben.

„Mami ich hab keinen Hunger mehr",
sagt er ganz plötzlich. „Aber du hast ja
kaum was gegessen", antwortet die
Mutter erschrocken. „Trink noch dein Glas aus."
Ganz brav erfüllt der Junge den Wunsch seiner Mutter.

Wenn wir alle fertig sind mit dem Essen,
wirfst du den ganzen Rest in den Abfall.
Und du kannst mir noch im Dorfladen zehn
golden verpackte Portionen von dem teuren Futter holen,
denn das hat unsere Katze ja so gerne.

# Tree Love – Baumliebe (ein Trickfilm)

Im Tal der Hügel, wo sich vor tausenden von Jahren kugelförmige Hügel für immer gefunden haben, fängt der Morgen an, die grüne Hügelkette in Farbe zu taufen.
Wenn die Nacht dem Tage den Vorhang öffnet und sich der Tau langsam von der Erde hebt,
öffnen sich die ersten Blumen. Es erwacht eine Schöpfung der Natur, die der Mensch nur kopieren kann. Schon frühmorgens wandert ein Vater mit seiner kleinen Tochter hinauf auf den höchsten Hügel im Tal. Die Wangen der Gesichter sind rot von der Morgenkälte, die Kleider mit Tauperlen belegt, einige werden zu Tropfen und rollen über die Kutten der beiden herab, bis sie schließlich wieder auf der Erde ihre Ruhe finden. Der Vater trägt einen alten Rucksack, gefüllt mit zwei jungen Bäumen, eingepackt in Jutesäcken, und eine rostige Schaufel. Die beiden werden langsamer, bis sie eine kleine Pause einlegen. Sie setzen sich auf einen alten Baumstamm, der von der Farbe der Wiesen umarmt wird, da seine Wurzeln sich nicht mehr in der Erde halten können. Aus dem Thermoskrug, der die Mutter mit warmem Tee gefüllt hat, nippen beide langsam, um ihren kleinen Durst zu stillen.
Der Vater kontrolliert die zwei jungen Bäume im Rucksack, denn ihr Ziel ist ein lang ersehnter Wunsch ihrer kleinen Tochter zu erfüllen: diese zwei Bäume zum Gedenken an ihre Großeltern auf dem höchsten Hügel zu pflanzen. Denn das Mädchen liebte seine Großeltern sehr und freute sich immer riesig, wenn sie ihre Großeltern sah, wie sie Hand in Hand über diese Hügel spazierten.

Sie zeigten ihr, dass sie bis ins hohe Alter frisch verliebt waren.

Als die Vögel zu zwitschern beginnen, stehen die zwei wieder auf und nehmen das letzte Stück ihres Wegs in Angriff.

Auf dem Hügel angekommen, legt der Vater seinen Rucksack behutsam auf die Erde und die beiden sehen über das ganze Tal. „Hier wird es ihnen sicher gefallen", sagt die Kleine mit einem lächelnden Gesicht.

Vorsichtig öffnet der Vater den Rucksack und zieht die Schaufel heraus, mit der er sogleich beginnt, zwei Löcher zu graben.

Nun nimmt er die zwei kleinen Bäume und legt je einen in die vorgegrabenen Löcher.

Von Hand legt die kleine Tochter die Erde um die Wurzeln der beiden Bäume zurück und drückt sie fest an.

Mit einem dicken Kuss bedankt sich das Mädchen bei ihrem Vater, da nun ihr größter Herzenswunsch in Erfüllung gegangen ist.

Eine gute halbe Stunde stehen die beiden hinter den zwei Bäumen, die nun den höchsten Hügel des Tals zieren, dann spazieren sie glücklich nach Hause.


Die Jahreszeiten verwandeln das Aussehen des Tals, die Zeit wartet auf niemanden und die beiden Bäume wachsen zu zwei großen stolzen Bäumen heran. Als Vater und Tochter nach dem kalten Winter die zwei Bäume besuchen, stellen sie fest, dass die untersten zwei dicksten Äste ineinander gewachsen sind, als würden sie sich die Hand geben.

Siehst du meine Kleine, auch die Bäume lieben sich. Das

ist die Baumliebe, so werden sie immer Hand in Hand auf diesem Hügel stehen und über uns wachen.

Das Mädchen wird zur jungen Frau und ihr Vater hat aus Holzresten eine kleine Bank gebaut, die nun unter diesen zwei Bäumen steht. Einmal pro Woche sitzt die Tochter unter den beiden Bäumen auf der kleinen Bank und redet mit ihnen.

Über die Liebe und das, wenn sie einmal groß ist, auch mit ihrem Freund, wenn er sie besuchen kommt und immer Hand in Hand über die Hügel im Tal spazieren gehen will.

Sie glaubt an die ewige Liebe, da ihre Großeltern es ihr vorlebten, und sie will auch wie ihre Großeltern diese Liebe in ihrem Leben erleben.

Die Jahre vergehen und die zwei Bäume haben schon vieles auf diesem Hügel ertragen müssen.

Als die junge Dame wieder die Bäume besuchen kommt, steht vor ihr eine große Tafel einer Baufirma. Sie wollen genau hier ein Hotel errichten. Sie kann es nicht glauben, der Schrecken ist groß und sie springt sofort wieder nach Hause. Ganz außer Atem kommt sie zuhause an und ihr Gesicht ist verschwitzt und ihre Augen verweint.

„Was soll diese Tafel auf dem Hügel der Großeltern?", schreit sie ins Elternhaus.

„Aber mein Kind, beruhige dich bitte."

„Ich will wissen, was dieses Hotel auf dem Hügel der Großeltern soll", fragt sie noch einmal ganz außer Atem.

„Wir brauchen das Geld, mein Kind, wie sollen wir dir deine Ausbildung sonst finanzieren."

„Dann gebt ihnen doch einen anderen Hügel!" Weinend

und sehr enttäuscht schlägt sie die Türe ihres Zimmers in das Schloss.

„Lass sie sich zuerst beruhigen, bevor du zu ihr gehst", meint die Mutter sehr verständnisvoll.

Und der Vater weiß, wie sehr sie an diesen zwei Bäumen hängt und was sie ihr bedeuten, doch ist ihm auch ihre Ausbildung sehr wichtig.

Als sich die Tochter so langsam beruhigt hat, klopft der Vater vorsichtig an ihre Tür.

„Darf ich reinkommen, mein Schatz?", sagt er mit seiner liebevollen Stimme.

„Ja", klingt schmollend die Antwort seiner Tochter. Vater versuchte so gut es ging seinem Schatz zu erklären, dass sie keine andere Wahl mehr haben und dieser Platz noch alles ist, was sie besitzen. Der schönste Fleck dieses Tales ist der Hügel, der Hügel ihrer Großeltern. Nun will ein Hotel, das keine Beziehung zu diesem Tal und diesem Fleck Erde hat, seine Mauern errichten und es von Touristen verwüsten lassen, schluchzte die Tochter.

„Es tut mir leid, mein Kind", antwortet der Vater mit Tränen in den Augen.

Die Tochter sieht aus ihrem Zimmerfenster hinaus und in der Ferne die zwei alten Bäume stehen, und der Vater verlässt leise ihr Zimmer. Die letzte Nacht bricht an, und noch immer sieht sie hinauf zu den zwei Bäumen unter dem Sternenhimmel. Leise betet sie zu Gott, dass es den beiden gut gehen soll und sie sie sehr vermissen wird.

Schon am nächsten Tag fahren Baufahrzeuge bei ihrem Haus vorbei und fahren alles flach was schmäler als ihre Achsen ist.

Die kleine Familie steht vor dem Haus und hört das

Geräusch einer Kettensäge. Die eine Hand des Vaters hält den Türrahmen und seine Nägel bohren sich in das Holz und im anderen Arm hält er seine Frau und Tochter fest. Von weitem sehen sie, wie zuerst der Großvaterbaum langsam zu Boden fällt und der Großmutterbaum kurz darauf. Eine große Staubwolke zieht in den Himmel und so wie man in den Nebel bläst, öffnet sich ein Loch in der großen Wolke. Durch sie können die Seelen der zwei Bäume in den Sternenhimmel ziehen.

Zwei neue Sterne erstrahlen kurz am Himmelszelt und fallen gleichzeitig als Sternschnuppen zur Erde zurück.

Und die Mutter sagt ganz liebevoll zu ihrer Tochter: „Sieh nur, mein Schatz, zwei Sternschnuppen, du darfst dir was wünschen."